essentials

essentials liefern aktuelles Wissen in konzentrierter Form. Die Essenz dessen, worauf es als „State-of-the-Art" in der gegenwärtigen Fachdiskussion oder in der Praxis ankommt. *essentials* informieren schnell, unkompliziert und verständlich

- als Einführung in ein aktuelles Thema aus Ihrem Fachgebiet
- als Einstieg in ein für Sie noch unbekanntes Themenfeld
- als Einblick, um zum Thema mitreden zu können

Die Bücher in elektronischer und gedruckter Form bringen das Expertenwissen von Springer-Fachautoren kompakt zur Darstellung. Sie sind besonders für die Nutzung als eBook auf Tablet-PCs, eBook-Readern und Smartphones geeignet. *essentials:* Wissensbausteine aus den Wirtschafts-, Sozial- und Geisteswissenschaften, aus Technik und Naturwissenschaften sowie aus Medizin, Psychologie und Gesundheitsberufen. Von renommierten Autoren aller Springer-Verlagsmarken.

Weitere Bände in dieser Reihe http://www.springer.com/series/13088

Rüdiger Mahnicke

Leitfaden für die Reisebüroausschreibung

Grundlagen für den Einkäufer

Rüdiger Mahnicke
Steinberg & Partner GmbH
Niederkleveez, Deutschland

ISSN 2197-6708 ISSN 2197-6716 (electronic)
essentials
ISBN 978-3-658-14514-9 ISBN 978-3-658-14515-6 (eBook)
DOI 10.1007/978-3-658-14515-6

Die Deutsche Nationalbibliothek verzeichnet diese Publikation in der Deutschen Nationalbibliografie; detaillierte bibliografische Daten sind im Internet über http://dnb.d-nb.de abrufbar.

Springer Gabler

Gedruckt auf säurefreiem und chlorfrei gebleichtem Papier

Springer Gabler ist Teil von Springer Nature
Die eingetragene Gesellschaft ist Springer Fachmedien Wiesbaden GmbH

Was Sie in diesem *essential* finden können

- Überblick über den Reisebüromarkt global und in Deutschland
- Markt der Online-Buchungsmaschinen (OBE) in Deutschland
- Funktionsweise von Reisebüros
- Praxisanleitung für die Gestaltung und Durchführung der Reisebüroausschreibung
- Besonderheiten der globalen Reisebüroausschreibung

Inhaltsverzeichnis

Einleitung 1

Die Ausschreibung der Reisebüroleistung stellt den Einkäufer vor eine komplexe Herausforderung: Das Geschäft der Reisebüros ist ein Vermittlungsgeschäft, die Preisgestaltung wird hauptsächlich durch Luftverkehrsanbieter, Hotel- und Mietwagengesellschaften sowie durch Bahngesellschaften betrieben. Die Reisebürogebühr selber macht nur ca. 3–5 % des durch das Reisebüro vermittelten Volumens aus. Daher wäre es töricht, nur die Reisebürogebühren auf dem Markt zu vergleichen. Es kommt vielmehr darauf an, die Qualität des Reisebüros – sowohl hinsichtlich der Marktkompetenz des Reisebüros, den günstigsten Preis zu finden als auch die Servicekompetenz des Reisebüros in der Ausschreibung zu bewerten. Gerade das ist für den Einkäufer eine Herausforderung.

Auf dem Markt wird derzeit von den Reisebüros eine „Ausschreibungswut" der Unternehmen und der daraus resultierenden Aufwände für den Vertrieb der Reisebüros (und anderer Geschäftsreiseanbieter) beklagt. Dahinter steckt auch die teilweise berechtigte Angst der Branche, dass Ausschreibungen im Geschäftsreisebereich häufig unprofessionell und auf eine nach unten gerichtete Preisdiskussion ausgerichtet sind.

Dieser Praxisleitfaden versteht sich als eine kurze Zusammenfassung und Anleitung für den Einkäufer für die Durchführung einer qualifizierten Reisebüroausschreibung. Das *essential* ist ein Extrakt aus meinem 2013 erschienenen Buch „Business Travel Management – Praxis-Know-how für den Einkäufer", aus dem die Kapitel, die das Reisebüro betreffen, entnommen und aktualisiert wurden. Als Unternehmensberater begleiten wir bei Steinberg & Partner jedes Jahr diverse Reisebüroausschreibungen unserer Kunden. Mein Ziel dabei – und auch mit diesem Buch – ist es, die komplexe Reisebürodienstleistung und die Erwartungshaltung unserer Kunden zueinander zu bringen. Dazu bedarf es präziser Ausschreibungsunterlagen und einer Konzentration auf das Wesentliche. Das

R. Mahnicke, *Leitfaden für die Reisebüroausschreibung,* essentials,
DOI 10.1007/978-3-658-14515-6_1

Unternehmen sollte sowohl die wichtigsten Zahlen, Daten und Fakten zusammentragen aber auch die Unternehmensprozesse darstellen, in die das Reisebüro involviert ist. Das Reisebüro sollte im Ausschreibungsprozess auf die spezifischen Anforderungen des Unternehmens eingehen und ein maßgeschneidertes Angebot abgeben. Eine Ausschreibung in diesem Sinne durchgeführt, ist eine gute Grundlage für die spätere gute Zusammenarbeit zwischen Unternehmen und Reisebüro.

2 Markt und Funktionsweise von Reisebüros

2.1 Ein kurzer Überblick über den nationalen und globalen Reisebüromarkt

Die Reisebürolandschaft in Deutschland und global ist stark konsolidiert. Zahlen über Umsätze der Geschäftsreisebüros sind nicht einfach und von einigen gar nicht zu bekommen. Das liegt insbesondere daran, dass einige Reisebüroketten keine eigenen Zahlen für den Business Travel, andere keine speziell für den deutschen Markt oder andere lokale Märkte veröffentlichen. Das rein touristische Geschäft unterscheidet sich aber so stark von dem Geschäftsreisebereich, dass eine Darstellung nach Marktanteilen auf den Business-Travel-Markt beschränkt sein sollte. Mittlerweile hat man auch die Ausbildungswege zwischen touristischem Bereich und Geschäftsreisebereich unterschieden. Selbst die Reservierungssysteme sind für diese Bereiche unterschiedlich, ganz zu schweigen von den unterschiedlichen Beratungen und den erforderlichen Zielgebietskenntnissen. Im Umkehrschluss sollte man für den Geschäftsreisebereich unbedingt einen Reisebüroanbieter wählen, der auf diesen Bereich spezialisiert ist und nicht – was manchmal der Fall ist – ein touristisches Reisebüro, das die eine oder andere Firma „nebenbei" mit betreut. Die Agenten des Reisebüros, die für Ihr Unternehmen zuständig sind, sollten ausschließlich im Geschäftsreisebereich tätig sein.

Als erstes führe ich die Reisebürounternehmen auf, die sowohl global als auch in Deutschland als Geschäftsreisebüro eine führende Position einnehmen und die als internationale Konzerne aufgestellt sind (Tab. 2.1).

Als zweite Gruppe gibt es die Franchise-Anbieter. Dahinter verbergen sich mittelständische Reisebüros, die sich unter einem Franchise-Dach zusammengeschlossen haben (Tab. 2.2).

R. Mahnicke, *Leitfaden für die Reisebüroausschreibung*, essentials,
DOI 10.1007/978-3-658-14515-6_2

Tab. 2.1 Überblick Globale Geschäftsreiseketten

Konzerne	Beschreibung
BCD Travel	Sitz der Muttergesellschaft ist in den Niederlanden. In dem Unternehmen sind die ehemaligen Reisebüros First, Hapag Lloyd, TQ3 und andere zusammengewachsen. In Deutschland Nr. 1, weltweit Nr. 3 der Rangliste
Carlson Wagonlit Travel CWT	Aus Frankreich kommend. Weltweit Nr. 1 oder 2, in Deutschland Nr. 2 oder 3
American Express	Aus den USA kommend, eine von der Kreditkarte unabhängige Reisebürokette, weltweit führend, in Deutschland unter den großen fünf
Hogg Robinson HRG	Aus England kommend, in Deutschland wurden u. a. die Unternehmen BTI Eurolloyd und dadurch die ehemaligen Breuninger Reisebüros aufgekauft. Gehört ebenfalls zu den Global Playern
FCM Travel Solutions	Die FCM-Gruppe kommt aus Australien. In Deutschland sind die ehemaligen DER-Geschäftsreisebüros hier aufgegangen (die ehemaligen Reisebüros der Bahn)

Tab. 2.2 Überblick Franchiseketten Geschäftsreisebüros

Franchise	Beschreibung
DERPART	Hier sind die ehemaligen Franchisepartner der Bahn gelandet. DERPART bietet ebenfalls eine globale Lösung mit dem Partnernetzwerk Radius an
FIRST Business Travel	Franchise-Unternehmen mit dem internationalen Partnernetzwerk ITP
Lufthansa City Center LCC	Mit dem Produkt Partner Plus bietet der Franchisegeber eine eigene Business-Travel-Linie an, die globale „eigene" Franchisenehmer vorweisen kann

Als eine Besonderheit auf dem Markt ist das Geschäftsreisebüro Egencia zu sehen, das ein Tochterunternehmen des weltweit größten touristischen Portals Expedia ist. Egencia arbeitet allerdings nicht wie ein klassisches Web-Portal sondern eher wie ein klassisches Geschäftsreisebüro. Neben einer Online-Betreuung gibt es auch weiterhin das klassische Agententeam, das den Kunden telefonisch betreut.

Eine weitere Sonderrolle in Deutschland spielen franchise-unabhängige mittelständische Reisebüros, die sich auf den Geschäftsreisebereich spezialisiert haben, zum Beispiel BTO24 (Business Travel Organizer) als Reisebüro mit einer Spezialisierung auf mittlere und kleine Unternehmen.

Es gibt auch Reisebüros innerhalb von Großunternehmen, die vor allem die Geschäftsreisen der eigenen Konzernmitarbeiter organisieren, wie zum Beispiel bei ThyssenKrupp.

Das alles sind Beispiele, die sich gerade mit Blick auf den globalen Markt beliebig fortführen lassen. Jedes Land und jede Region hat dabei ihre eigenen Player, die aber dann nicht unbedingt global tätig sind. Als Beispiel sei hier der führende Geschäftsreiseanbieter in Spanien genannt: Das ist die Corte Inglés Gruppe – bei uns eher als Kaufhausgruppe bekannt.

2.2 Der Buchungsvorgang im Reisebüro

Die Kundenbetreuung im Geschäftsreisebereich ist kaum noch durch einen tatsächlich persönlichen Kontakt geprägt. Die Kommunikation ist hier wie auch in anderen Bereichen auf das Telefon und E-Mail-Kontakt ausgewichen. Daher haben gerade die Konzern-Reisebüros die Betreuung auf wenige Standorte in Deutschland konzentriert, in denen die Reisebüroagenten in Teams verschiedene Firmen der Region betreuen, sogenannte **Business Travel Center.** Diese Callcenter sind mit einer umfangreichen Technologie versehen und Experten mit einem jahrelangen Hintergrund als Geschäftsreisespezialist beraten die Kunden.

Der Service in den Business Travel Centern wird bei großen Kunden von einem speziell für den Kunden zuständigen Team erbracht. Man spricht hier von einem „designated Team“, wenn ein Team mehrere Kunden betreut, es aber sichergestellt ist, dass der Kunde nur eine begrenzte Anzahl von Agenten hat, die für ihn zuständig sind. Diese Betreuungsform sollte man auch als Minimum einfordern. Es ist im Geschäftsreisebereich wichtig, dass der Reisebüroagent die Reisegewohnheiten des Kunden kennenlernt, die Beratung wird dadurch effektiver und häufig auch einkäuferisch erfolgreicher.

Bei größeren Etats kann man die etwas teuere Betreuung durch ein „dedicated Team“ einfordern. Hier ist ein Team in dem Business Travel Center ausschließlich für einen Kunden zuständig.

Eine andere immer wieder populäre Betreuungsform ist die des Reisebüros im eigenen Haus, dem sogenannten **Implant.** Hier sitzen Reisebüromitarbeiter in einem Büro auf dem Firmengelände des Kunden. Diese Betreuungsform ist für Firmen relevant, die über ein größeres Volumen verfügen und die neben der reinen Reisebuchung eine stärkere Integration des Reisebüroagenten in die eigenen Abläufe wünschen. Das kann zum Beispiel die Mitwirkung bei der Reiseplanung sein oder auch bei der Reisekostenabrechnung.

Für speziellere Anfragen bilden die größeren Reisebüros interne Spezialistenteams, die die Agenten bei der Ausarbeitung von Reisen unterstützen. Manchmal ist bereits die Bahnfahrkarte eine derartige Anforderung. Die Erstellung von Bahnfahrkarten weicht derart von der Buchung von Flügen ab, dass diese häufig in einem eigenen Team bearbeitet werden. Einige Reisebüros bilden auch für komplizierte internationale Flugverbindungen Expertenteams.

Eine **24/7 Betreuung,** also eine Betreuung nach Büroschluss in den Business Travel Centern und am Wochenende, bietet heute kein Reisebüro am gleichen Standort. Meist wird ein Service über europäische Callcenter geboten. Mitarbeiter in diesen Callcentern können zwar Buchungen einsehen und ändern, die von den Agenten, die das Unternehmen normalerweise betreuen, getätigt wurden. Allerdings hat man es auf jeden Fall mit anderen Mitarbeitern zu tun und muss die hinter der Reise liegenden Sachverhalte gesondert erklären. Dieser Service wird auch heute noch von den Reisebüros eher für Notfallsituationen und nicht für das normale tägliche Buchungsgeschäft angeboten.

Die persönliche Betreuung durch die Reisebüroagenten wird zur Erhöhung der Produktivität der Agenten und zur Vermeidung von Fehlern im Service immer mehr durch technische Routinen unterstützt. So kann die Einhaltung der im Firmenprofil vorgegebenen Reiserichtlinie automatisch durch Routinen überprüft werden. Entspricht eine Buchung nicht der Reiserichtlinie, wird diese nochmals zur Bearbeitung dem Reisebüroagenten zugespielt. Dieser kann die Abweichung entweder bestätigen oder muss die Buchung korrigieren. Auch die richtige Befüllung von Zusatzdatenfeldern für die korrekte verursachungsgerechte Buchung kann durch Prüfungsroutinen noch einmal validiert werden.

Für das Pricing wichtig sind zusätzliche Funktionen bei der Wartelistenverwaltung und der Validierung des Ticketpreises bei der Ausstellung der Tickets:

Die Wartelistenverwaltung informiert den Agenten, wenn in einem Flugzeug, das der Kunde nutzen wollte, und das bisher ausgebucht war, durch die Stornierung eines anderen Fluggastes ein Platz frei geworden ist.

Bei der Validierung des Ticketpreises vor der Ausstellung gibt es mehrere Spielarten. Hintergrund ist das permanente Yield Management der Airlines, das dazu führt, dass ein Preis, nachdem ein Ticket gebucht wurde, noch fallen kann. Wenn das Ticket nicht sofort ausgestellt werden muss, wird der kundige Agent schon aus diesem Grund mit der Ausstellung bis zum letztmöglichen Tag warten. Eine automatisierte Software unterstützt ihn dabei, dass er während dieser Zeit in dem Moment die Buchung zur Wiederbearbeitung erhält, wenn der aktuelle Preis unterhalb des bisher gebuchten Preises liegt.

Immer wichtiger für die Preisfindung wird auch, dass der Agent nicht nur die Preise, wie sie im Reservierungssystem zu finden sind, zur Verfügung hat. Es muss bei einigen Strecken und Anbietern auch auf Web-Angebote hingewiesen werden. Hier arbeiten die Reisebüros mittlerweile mit Systemen, die die Web-Buchung auch für Reisebüroagenten erlauben. Meist fällt dafür eine erhöhte Transaktionsgebühr an, weil die Web-Buchung immer noch einen Medienbruch für das Reisebüro bedeutet.

Diese technischen Möglichkeiten bietet den Reisebüros teilweise das Reservierungssystem. Die großen Reisebüros haben darüber hinaus eigene Systeme entwickelt, die den Agenten bei der Arbeit unterstützen sollen und zur Qualitätssicherung der Arbeit dienen.

Die Ticketausstellung ist heute ein noch immer notwendiger Prozess, obwohl kein Papierticket mehr produziert wird. Dieser Prozess ist in den Reisebüros zu einem großen Teil vollkommen automatisiert, d. h. es gibt eine Ticketstraße in einem sogenannten Backoffice, in dem dieser Prozess von Agenten nur noch überwacht wird.

In diesem Punkt unterscheiden sich die großen Reisebüroketten von mittelständischen Anbietern. Diesen hohen Automatisierungsgrad bieten die großen Reisebüros in den Business Travel Centern in einem erheblicheren Ausmaß als der mittelständische Franchisenehmer, der vielleicht nur eine Handvoll Agenten im Geschäftsreisebereich hat. In einem überschaubaren Umfeld können hier aber gut geschulte erfahrene Agenten zu gleich guten Ergebnissen kommen. Der Unterschied ist für mich, dass die Arbeit dieser Agenten einer geringeren Qualitätskontrolle unterliegt. Fehler können dadurch unbemerkt entstehen und sich in solchen Momenten häufen, wenn z. B. ein wichtiger Mitarbeiter ausfällt.

Auf der anderen Seite können automatisierte Prozesse (Gott sei Dank) im Geschäftsreisebereich einen guten erfahrenen Mitarbeiter nicht ersetzen. Daher sollte bei der Auswahl des geeigneten Reisebüros immer die Kompetenz des angebotenen Teams im Mittelpunkt stehen. Hier können gerade die mittelständischen Reisebüros gut punkten.

Die Betreuung sehr großer Reiseetats (mehrere Millionen € pro Jahr) wird nur in Ausnahmefällen an mittelständische Reisebüros vergeben. Häufig reichen hier die Kapazitäten gar nicht aus, um derartige Kunden zu betreuen.

▶ *Die Beschäftigung mit den internen Prozessen des Reisebüros ist für den Einkäufer manchmal unausweichlich. Da er nicht die Qualität jedes einzelnen Flugtickets und des dahinterliegenden Pricing kontrollieren kann, muss er hinterfragen, wie das Reisebüro die Qualität des Pricing und der Abläufe sicherstellt. Hierzu bieten mittelständische Reisebüros und die großen Ketten unterschiedliche Lösungen: Während die großen Ketten einen hohen Automatisierungsgrad betreiben, setzen mittelständische Reisebüros mehr auf eine Qualitätskontrolle durch ihre Mitarbeiter. Beim Pricing komplexer Flugtickets sind in jedem Fall weiterhin gut ausgebildete Experten gefragt. Es ist daher wichtig, dass als Minimumanforderung das betreuende Reisebüro über Experten im Business Travel verfügt und nicht nur Kenntnisse im touristischen Markt hat.*

2.3 Das Reisebüro als Wächter der Reiserichtlinie

Eine wesentliche Funktion des Reisebüros ist die Sicherstellung eines zentralen Prozesses bei der Reisebuchung. Nur über ein Reisebüro oder über eine stringente Online-Buchungsmöglichkeit kann der Einkäufer sicherstellen, dass Rahmenabkommen sinnvoll genutzt werden, dass Reisestandards eingehalten werden und dass zum Zeitpunkt der Buchung ein transparenter Marktüberblick zur Verfügung gestellt wird.

Die Abb. 2.1 zeigt, dass das Reisebüro den Prozess sicherstellt, den der Einkäufer als Beschaffungsprozess definiert. Hierzu benötigt der Reisebüroagent genaue Verhaltensanweisungen, in welchem Rahmen er den Buchenden beraten darf und welche Reiseleistungen er für den Reisenden buchen darf. Im Allgemeinen ist es die Reiserichtlinie, die diesen Rahmen setzt. In komplexeren Unternehmen bedarf es darüber hinaus aber oft noch weiterer Absprachen.

Einfach ist die Rolle des Reisebüros anhand der Business/Economy Regelung erklärt:

In der Reiserichtlinie kann ein Unternehmen zum Beispiel definieren, dass die Business Class nur bei interkontinentalen Flügen mit einer Flugdauer von mindestens sechs Stunden genutzt werden darf. Mit dieser Definition kann der Reisebüroagent dem Reisenden für einen Flug innerhalb Europas nur Flüge in der Economy Class anbieten. Dieses Vorgehen wird in den mir bekannten Fällen auch relativ stringent und problemlos gelebt. Die Reiserichtlinie ist damit über das Reisebüro einfach durchgesetzt. Wenn der gleiche Reisende seine Flüge nicht über das Firmen-Reisebüro sondern über andere Wege buchen würde, wäre diese Kontrolle nicht gegeben und es wäre nicht gesichert, dass die Reiserichtlinie eingehalten wird.

Noch besser ist es, wenn in den Vorgaben für das Reisebüro (und in der Reiserichtlinie) Zumutbarkeitskriterien definiert sind, anhand derer das Reisebüro den wirtschaftlichsten Preis ermitteln soll: Das könnte so definiert sein, dass es dem Reisenden zuzumuten ist, seinen europäischen Flug auch zwei Stunden früher

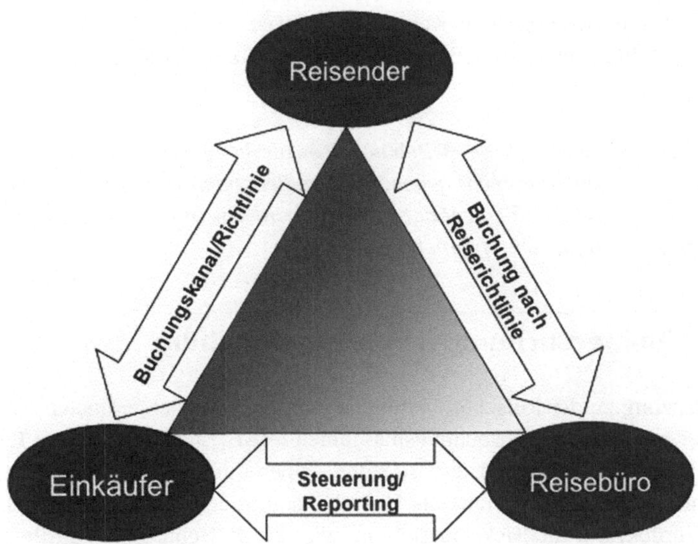

Abb. 2.1 Das Reisebüro stellt den zentralen Prozess sicher

anzutreten, wenn dadurch mindestens 200 € gespart werden könnten. Hier entsteht in der Praxis häufig ein erhöhter Beratungsaufwand beim Reisebüro.

Wie konsequent das Reisebüro die Reiserichtlinie durchsetzen kann, hängt mit der Firmenkultur im Unternehmen zusammen. Wenn der Reisende auf eine andere – vielleicht zeitlich für ihn günstigere aber für das Unternehmen teurere – Variante besteht, kann der Reisebüromitarbeiter als Dienstleister nur so bestimmt auftreten, wie er Rückendeckung von dem Unternehmen als Gesamtkunden hat. Was er mindestens kann – und das sollte er tun – ist, dass er dem Reisenden die günstige Version und die von dem Reisenden gewünschte Alternative zur Auswahl gibt. Wählt der Reisende die Alternative und nicht den günstigsten Flug, kann das Reisebüro die Mehrausgaben, die dadurch anfallen, als ein sogenanntes „Lost saving" dokumentieren. Es ergeben sich jetzt verschiedene Spielarten, die im Vorwege mit dem Reisebüro abgesprochen werden müssen:

- Der Reisebüroagent kann das Ticket zum höheren Preis ausstellen. Das Lost saving fließt in einen monatlichen Report, in dem sämtliche Flüge ausgewiesen werden, die nicht zum günstigsten Preise ausgestellt wurden mitsamt der Differenz zum günstigsten Preis.

- Es kann ein Genehmigungsweg ausgelöst werden: Bei Abweichung von der Reiserichtlinie muss zum Beispiel der Vorgesetzte des Reisenden der Mehrausgabe noch einmal zustimmen.

▶ *Eine wesentliche Rolle des Reisebüros ist es, die Richtlinien und Prozessvorgaben des Unternehmens gegenüber dem Reisenden sicherzustellen und durchzusetzen. Dafür benötigt das Reisebüro entsprechende Vorgaben und ein Mandat vom Unternehmen.*

2.4 Online-Buchungen über ein Reisebüro

Als Ergänzung zu der Reisebürobetreuung durch einen Agenten bieten die Reisebüros sogenannte Online-Buchungsmaschinen (OBE, „Online Booking Engine") an, in denen der Buchende die Buchung selber durchführen kann. Eine OBE greift im Flugbereich ebenfalls als Hauptbuchungsquelle auf ein Reservierungssystem zurück. Für die Ticketausstellung wird ein Reisebüro als Fullfilmentpartner zwingend benötigt. Im Flugbereich ist es heute nicht unbedingt vorteilhaft, sämtliche Buchungen über eine OBE zu lenken. Eine OBE ist insbesondere für sogenannte Punkt-zu-Punkt-Verbindungen sinnvoll. Umbuchungen und Stornierungen sollten ebenfalls nicht unbedingt über eine OBE abgewickelt werden.

Das Unternehmen kann einen Direktvertrag mit OBE-Anbietern schließen. Für den Einstieg und für Firmen mit einem kleineren Flugetat bietet sich aber die Konstellation an, die OBE durch das Reisebüro mit anbieten (und auch implementieren) zu lassen.

Das Reisebüro erwirbt in diesem Fall Lizenzen bei der OBE, die es über einen sogenannten „Resellervertrag" an die Unternehmen weitergibt.

Wie Abb. 2.2 zeigt, tritt das Reisebüro in diesem Fall über zwei Buchungskanäle auf: Einer Offlinebuchungsmöglichkeit und einer Onlinebuchungsmöglichkeit. Die Onlinebuchungsmöglichkeit kauft das Reisebüro über eine Lizenz beim OBE-Betreiber ein. In diesem Fall schließt das Unternehmen lediglich einen Vertrag mit dem Reisebüro und entrichtet in Form der Transaction Fee die Buchungsgebühr an das Reisebüro. Dabei ist in der Transaction Fee für die Onlinenutzung eine Gebühr für das OBE-System enthalten.

Der Resellervertrag hat für das Unternehmen den weiteren Vorteil, dass es bei der Einrichtung des Systems und dem täglichen Support eine Unterstützung im Reisebüro hat. Diese muss natürlich bezahlt werden, es müssen aber keine eigenen Ressourcen aufgebaut werden.

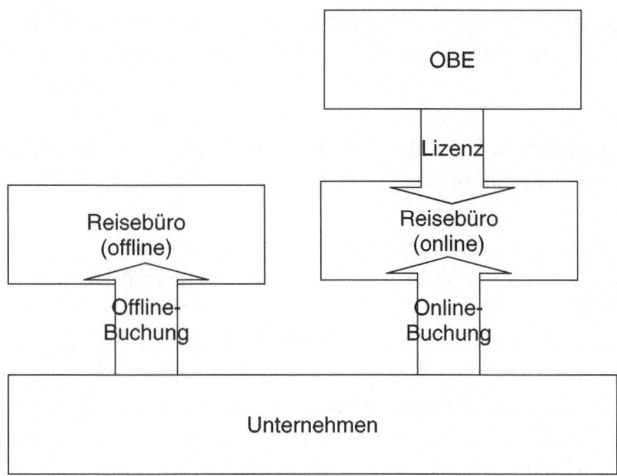

Abb. 2.2 Reisebüro als Reseller der OBE

Die großen Geschäftsreisebüros verhalten sich dabei insofern marktneutral, als dass sie mit mehreren OBE-Anbietern Lizenzverträge abgeschlossen haben. Den gesamten Markt der OBE-Anbieter deckt aber dabei kein Reisebüro vollständig ab. Je mittelständischer das Reisebüro ist, desto geringer ist hier die Auswahl. Das Unternehmen hat insofern auch die Qual der Wahl auf der Suche nach einer OBE-Lösung, wenn sie die OBE nur indirekt über ein Reisebüro bezieht.

▶ *Neben der klassischen „Offline-Betreuung" bietet das Reisebüro auch Online-Systeme an, so dass eine Buchung über zwei unterschiedliche Kanäle möglich ist.*

2.5 Welche OBE sollte das Reisebüro mir anbieten?

Es gibt kaum einen Markt im Geschäftsreisebereich, der sich derart rasant entwickelt wie der Markt der Online-Buchungs-Engines. Es ist nicht der Anspruch des *essentials,* einen kompletten Überblick über diesen Markt zu geben. Ich beschränke mich auf die Nennung der Systeme, die derzeit mit den großen Geschäftsreisebüros einen Lizenzvertrag abgeschlossen haben oder von diesen angeboten werden. Darüber hinaus gibt es noch eine Vielzahl anderer Lösungen und es werden jährlich neue entwickelt (Tab. 2.3).

Amadeus als Betreiber des führenden Reservierungssystems im deutschen Markt hat 2014 die Anteile von i:FAO übernommen. Amadeus hatte damit zwei Produkte im Markt, die Eigenentwicklung Amadeus E-Travel Management (AeTM) und cytric. AeTM wird in den kommenden Jahren zu Gunsten von cytric vom Markt genommen. Sowohl Amadeus als auch i:FAO werden cytric vertreiben und dabei sowohl Komponenten als auch die internationalen Strukturen von Amadeus nutzen.

Von Reisebüroseite geht Egencia hier einen eigenen Weg:

Egencia bietet ein eigenes System und kooperiert nicht mit anderen OBE-Anbietern.

Sämtliche in der Tab. 2.3 genannten Anbieter bieten neben der Buchungsmöglichkeit auch insbesondere eine eigene Abrechnungsmöglichkeit für Reisekosten oder zumindest eine Vorbereitung dafür an. Außerdem gibt es die Möglichkeit der Datenübertragung von Buchungen in andere Softwarelösungen, die auf die Reisekostenabrechnung spezialisiert sind. Auch hier ist die Integration von Reisebuchung und Reisekostenabrechnung sehr weit fortgeschritten.

Multinationale Konzerne nutzen vor allem KDS, Concur und Get There, die anderen Anbieter spielen vor allem in Deutschland eine Rolle. Global ist hier zu beachten, dass die Systeme die lokalen Märkte, wie zum Beispiel lokale Bahnanbieter oder rein lokale Fluganbieter in verschiedener Tiefe abbilden.

Lassen Sie sich die OBE in der Reisebüroausschreibung mit anbieten. Fragen Sie nach, welche OBE das Reisebüro empfiehlt, welche Kosten für das Unternehmen anfallen und welche Features die OBE bietet.

▶ *Es gibt eine Handvoll OBE-Anbieter in Deutschland. Der Markt ist ebenso wie der der Reservierungssysteme immer noch lokal ausgerichtet. Neue Anbieter drängen immer wieder auf den Markt.*

Tab. 2.3 Überblick OBE-Anbieter Deutschland

Anbieter	Info
Cytric	Wahrscheinlich Marktführer in Deutschland aus dem Hause i:FAO und Amadeus
Onesto	Deutscher Anbieter
KDS	Französischer Anbieter
Concur	Aus dem angelsächsischen Raum mit starkem Zuwachs in Deutschland
Get There	Anbieter aus den USA
Atlatos	Anbieter für den Mittelstand

2.6 Das Account-Management

Über das tägliche Buchungsgeschäft hinaus verlagert sich die Rolle des Reisebüros immer mehr in Richtung einer ausgelagerten Einkaufsabteilung. Je nach Größe des Kunden wird dafür ein gesonderter Kundenbetreuer zur Verfügung gestellt, der Account-Manager.

Der Account-Manager sollte für das Unternehmen als Reisebürokunden mindestens einmal im Jahr – bei größeren Kunden auch gern einmal im Quartal – die wichtigsten Umsatzzahlen des Kunden zu einem Reporting zusammenstellen. Bei kleineren Kunden kann das auch gern in Form einer online zur Verfügung gestellten Auswertung geschehen. Darüber hinaus kann der Account-Manager Travel-Management-Aufgaben für das Unternehmen übernehmen:

- Bei Verträgen mit Airlines bietet sich eine Beratung durch das Reisebüro an. Mit welchen Airlines sollten Verträge geschlossen werden? Welche Strecken sollten sinnvollerweise verhandelt werden?
- Auch bezüglich der Reiserichtlinie kann der Account-Manager vermittelnd tätig werden, wenn zum Beispiel eine Reiserichtlinie im täglichen Buchungsgeschäft zu komplex ist.
- Generell kann der Account-Manager eine Rolle als Bindeglied zwischen Buchungsteam im Reisebüro und Buchenden beim Kunden sein. Bei Problemen kann er als vermittelnde Instanz fungieren.
- Bei größeren Projekten wie zum Beispiel der Einführung einer OBE sollte der Account-Manager des Reisebüros dem Einkäufer zur Seite stehen.

Der Account-Manager sollte seine Kunden über Marktentwicklungen rechtzeitig informieren und aus eigenem Antrieb notwendige Maßnahmen mit dem Kunden besprechen. Dadurch kann der Kunde an Marktentwicklungen partizipieren, ohne den Etat immer wieder neu ausschreiben zu müssen. Beispiele für solche Marktentwicklungen könnten sein:

- Eine Verschiebung in den Marktanteilen oder Streckenangeboten der Airlines, die eine Justierung der Rahmenabkommen notwendig machen.
- Änderungen in der Angebots- oder Preisstruktur der Airlines, die ein verändertes Buchungsverhalten der Kunden erfordern. So könnte zum Beispiel der Account-Manager den Kunden darauf hinweisen, wenn sehr hohe Preise auf einer Strecke bezahlt werden und diese sehr stark frequentiert wird. Hier können Informationen für die Buchenden, dass ein Flug für diese Flugstrecken frühzeitig gebucht werden sollte, sehr hilfreich sein.

- Der Account-Manager könnte auf neue Produkte des Reisebüros, wie zum Beispiel Apps für Verspätungsmeldungen etc. hinweisen.

Ein Account-Management kann auf verschiedene Weise angeboten werden. Während große Accounts mit mehreren hundert Reisenden sicherlich mit einer persönlichen Betreuung durch einen Account-Manager gut beraten sind, können kleinere und mittlere Firmen auch mit anderen Mitteln, wie zum Beispiel einem inhaltlich gut abgestimmten Newsletter und einem Portal zum Abrufen der eigenen Umsatzzahlen, gut betreut werden.

Die Reisebüros definieren sich dabei immer noch als Mittler und haben eigene finanzielle Absprachen mit den Airlines, sodass eine hundertprozentige Neutralität nicht gewährleistet ist. Die Bedeutung dieser Abkommen gegenüber den Gebühren, die von den Kunden eingenommen werden, nimmt immer weiter ab. Insofern entwickeln die Reisebüros hier eine neue Rolle, indem sie bei Vertragsverhandlungen den Kunden neutral beraten. Gerade in dem Account-Management sehen viele Reisebüros eine für sie strategisch und finanziell wichtige Zusatzeinnahme. Einige Unternehmen gehen sogar den Weg, die Einkaufsleistung für den Geschäftsreisebereich zu 100 % an das Reisebüro abzugeben, indem sie einen Auftrag für ein Travel-Management im Outsourcing an das Reisebüro vergeben. Das mag in Hinsicht auf den Travel-Markt an sich, also für Airlineabkommen etc. praktikabel sein. Die Steuerung des Einkaufs in das Unternehmen hinein, bleibt aber häufig eine interne Funktion, die sich nicht outsourcen lässt.

▶ *Neben der Buchungsabwicklung nimmt die Kundenbetreuung durch den Account-Manager des Reisebüros eine immer wichtigere Rolle ein. Gerade für den Einkäufer ist der Account-Manager der wichtigste Ansprechpartner, wenn es zum Beispiel um die Verhandlung mit Fluggesellschaften geht.*

2.7 Zusätzliche Travel-Management-Dienstleistungen

Eine weitere zusätzliche Dienstleistung, die Reisebüros gerade großen Unternehmen mit einer entsprechenden Sicherheitsabteilung anbieten, ist die Versorgung der Sicherheitssysteme mit Daten. Das können zum einen Sicherheitswarnungen sein, Reisewarnungen zum Beispiel, die über Naturkatastrophen, Bürgerkriege und andere Ereignisse informieren. Zum anderen können die Reisenden über die Buchungen lokalisiert werden, so dass sie aus Krisengebieten herausgeholt oder zumindest dort kontaktiert werden können.

Auch im IT-Bereich bieten die Reisebüros immer mehr Dienstleistungen an, um den Geschäftsreiseprozess zu unterstützen:

- Erwähnt wurde bereits, dass die Reisebüros als Reseller eine OBE für die Onlinebuchung zur Verfügung stellen können. Neben einem Implementierungsaufwand, den das Reisebüro sich bezahlen lässt, fallen dann häufig nur noch laufende Gebühren an, die über eine Transaction Fee abgedeckt werden können.
- Eine Vorstufe zur OBE ist häufig ein Travel-Portal, das vom Reisebüro gestellt wird. In diesem Portal können zum Beispiel die Profildaten der Reisenden und Travel Arranger (Assistenzen in Ihrem Unternehmen, die für die Reisebuchung zuständig sind) erfasst werden, es kann ein Flugplan ohne Verfügbarkeitsanzeige integriert werden. Das Travel Portal kann mit dem Intranet verlinkt werden und kann als Gesamteinstiegsseite für den Geschäftsreisebereich im Unternehmen dienen. So kann man dort auch die anderen Links für die firmenbezogenen Portale für Bahn-, Mietwagen- und Hotelbuchung hinterlegen.
- Einige Reisebüros bieten auf Wunsch und gegen gesonderte Gebühr auch eine automatisierte Genehmigungslösung für Reisegenehmigungen vor der Buchung an. Dieser Genehmigungsprozess lässt sich in der Regel leichter in den Buchungsprozess integrieren als ein unternehmensinterner Genehmigungsprozess.
- Auch eine Reisekostenabrechnung wird von einigen Reisebüros als Lizenzprodukt angeboten.
- Speziell für Reisende und Buchende werden die Informationen zur Verbesserung der Reise und zur Vermeidung von Reisestress immer mehr in den Fokus gerückt: Hier reicht die Palette von zusätzlichen Informationen zum Flugplan (Reisepläne mit Lageplänen der Flughäfen, Links zu Mietwagenanbietern und Hotels vor Ort) bis zur App, die den Reisenden auf dem Reiseweg begleitet, mit deren Hilfe er vielleicht auch noch ein Taxi ordern kann und aktiv auf Flugverspätungen hingewiesen wird. Man spricht hier in der Reisebürowelt von „door to door"-Konzepten. Die großen Reisebüroketten sind dabei, eine Buchungsfunktionalität in ihre Apps zu integrieren.

Das sind alles nur Beispiele für weitere Dienstleistungen der Reisebüros. Sie sollen eine Anregung sein, sich mit dem Dienstleister zusammen zu setzen und mit dem Reisebüro ein Dienstleistungspaket zu schnüren, das sich in den Unternehmensprozess gut einfügt. Die reine Buchungsfunktionalität ist heute schon und wird in Zukunft noch viel mehr durch das Internet und durch immer intelligentere OBE-Angebote eher in den Hintergrund der Reisebürodienstleistung treten. Dagegen werden Account-Management und eine hoch spezialisierte Prozessunterstützung mehr in den Fokus gebracht.

▶ *Die Rolle des Reisebüros wandelt sich. Technische Lösungen zur Sicherheit des Reisenden, Travel-Portale oder Software zur Abbildung von Genehmigungsprozessen werden vom Reisebüro zur Verfügung gestellt.*

2.8 Wie wird die Leistung des Reisebüros vergütet?

Es gibt verschiedene Vergütungsmodelle für Reisebüros. Durchgesetzt hat sich allerdings vor allem eine Vorgangsgebühr, die sogenannte **Transaction Fee.** Die Transaction Fee wird bei der Ticketerstellung vom Reisebüro direkt mit erhoben. Bevor wir uns näher damit beschäftigen, werfen wir einen kurzen Blick auf das dazu alternative Modell, die sogenannte **Management Fee.** Diese wird als prozentualer Aufschlag auf die vermittelten Leistungen oder als fixer Betrag einmal pro Monat oder pro Jahr erhoben. Beide Vergütungsformen können kurz nebeneinandergestellt werden (Tab. 2.4).

Die Transaction Fee hat den Vorteil, dass sie verursachungsgerecht auf die Kostenstellen mitbelastet wird, die die Reisebuchung getätigt haben. In den meisten Firmen ist das die einzig praktikable Lösung, weil eine zentrale Stelle das Budget für die Reisebüroleistung gar nicht tragen kann.

Tab. 2.4 Transaction Fee vs. Management Fee

	Transaction Fee	Management Fee
Höhe	Richtet sich nach der Art des Tickets (z. B. Inlandsticket, Europaticket, Interkontinentalticket)	Prozentualer Aufschlag auf die vermittelten Reiseleistungen oder fixe Summe
Rechnungsstellung	In einem Abrechnungsvorgang mit der Hauptreiseleistung zusammen	Als gesonderte Rechnung monatlich oder jährlich
Kostenstellenverteilung	Erfolgt auf die gleiche Kostenstelle wie die Hauptreiseleistung	Wird zentral auf eine Kostenstelle berechnet

Die Management Fee macht es dem Einkäufer manchmal einfacher, eine Akzeptanz dafür zu schaffen, dass jede Reiseleistung über das Reisebüro gebucht wird. So ist es Reisenden manchmal bei günstigen Inlandsflügen oder Bahn- oder Hotelbuchungen nicht einsichtig, eine Gebühr von ca. 20 € für die Buchung zu bezahlen. Sie weichen dann auf andere Buchungsmöglichkeiten aus, was dann zum Maverick Buying, also zu einem wilden Einkauf, führt. Bei der Management Fee sind sämtliche Dienstleistungen bereits abgedeckt und der einzelne Bucher „sieht" die Reisebürovergütung nicht. Die Management Fee kann außerdem eingesetzt werden, um die Reisebüroleistung zu incentivieren. Eine **Incentivezahlung** für das Reisebüro kann sich orientieren an

1. einer jährlich durchzuführenden Zufriedenheitsumfrage unter den Buchenden und Reisenden,
2. einer Einkaufsindexmessung (eingekaufte Reiseleistungen durch das Reisebüro gemessen an einem vorher festzulegenden Marktindex) oder
3. am Erfolg gemeinsam durchgeführter Projekte, zum Beispiel der Einführung einer OBE.

Vertiefen wir aber noch die meist verbreitete Vergütungsart, die Transaction Fee. Die Transaction Fee wird differenziert nach der Art der gebuchten Reiseleistung. Normalerweise erhält man von dem Reisebüro eine Gebührentabelle, anhand derer man die Gebühren für die einzelnen Transaktionsarten ablesen kann. Hier kann der Teufel im Detail stecken, daher erhalten Sie mit Tab. 2.5 auch einige Hinweise zur Berechnungsform der Transaktionsgebühren.

Die Buchungsgebühren des Reisebüros werden bei dem Einsatz einer OBE nach dem Buchungskanal in eine Online- und eine Offlinegebühr differenziert. Die Offlinegebühr beinhaltet dann die persönliche Betreuung durch den Reisebüroagenten über das Telefon oder E-Mail und der Ticketausstellung. Die günstigere Onlinegebühr beinhaltet die Nutzung der OBE und das Ticketing über das Reisebüro. Die Senkung der Reisebürogebühr durch die günstigeren Online-Transaction-Fees kann ein Grund für den Einsatz einer OBE sein. Das sollte aber nie der einzige Grund sein.

Es ist nicht die Intention dieses *essentials,* Marktinterna in Form von Preisen offenzulegen. Wichtig ist bei der Transaktionsgebühr, dass es Unterschiede auf dem Markt gibt, die sich insbesondere durch die Umsatzvolumina der Kunden erklären: Große Unternehmen mit höheren Reiseetats zahlen deutlich geringere Gebühren für die einzelne Transaktion. Es ergibt sich somit eine hohe Differenzierung der Gebühren nach Art der Reiseleistung, Online- oder Offline-Buchung und Gesamtvolumen des Kunden.

Tab. 2.5 Transaction Fee

Reiseleistung	Erläuterung	Berechnungstakt
Flug innerdeutsch	Pro Flugticket mit Ziel und Landung in Deutschland	Abrechnung pro Flugticket, das kann ein Hin- und Rückflug für eine Gebühr sein, wenn beide in einem Ticket ausgestellt werden oder je eine Gebühr für ein Ticket je Richtung
Flug Europa	Pro Flugticket mit Start und Ziel in einem europäischen Land	s. o.
Flug Interkontinental	Pro Flugticket mit Start in Europa und Ziel außerhalb Europas	s. o.
Umbuchung/Stornierung	Gesonderter Preis für die Umbuchung oder Stornierung eines Tickets	Wird in der Regel erst fällig, wenn das Ticket bereits ausgestellt wurde, einige Reisebüros beginnen, auch die Umbuchung einer Reservierung in Rechnung zu stellen
Web Fares/Low Cost	Pro Flugticket, in der Regel wenn der Tarif nicht über das Reservierungssystem buchbar ist und über das Web gebucht werden muss.	Meist pro Vorgang, also Hin- und Rückflug gemeinsam
Bahnticket innerdeutsch	Preis pro Ticket	Wenn Hin- und Rückfahrt in einem Ticket ausgestellt werden, ist nur eine Gebühr fällig, in der Regel inklusive Reservierung. Einige Reisebüros bauen hier Niederschwellenwerte ein. Für eine Buchung unterhalb des Wertes, zum Beispiel eine einzelne Reservierung, ist dann keine Transaction Fee notwendig
Bahn international	s. o.	s. o.
Mietwagen	Preis pro Anmietung	Ggf. höhere Gebühr, wenn die Buchung nicht über das Reservierungssystem möglich ist

(Fortsetzung)

Tab. 2.5 (Fortsetzung)

Reiseleistung	Erläuterung	Berechnungstakt
Hotel	Preis pro Reservierung	Ggf. höhere Gebühr, wenn die Buchung nicht über das Reservierungssystem möglich ist
Visabesorgung	Preis pro Visum	Enthält die Reisebüroleistung ggf. auch die Gebühren eines externen Dienstleisters

Insgesamt machen die Reisebürogebühren im Verhältnis zu den über das Reisebüro eingekauften Leistungen nur zwischen 3 und 6 % auf den Gesamtetat gesehen aus. Im nächsten Kapitel werden wir noch einmal dezidierter darauf eingehen, dass daher bei der Auswahl der Reisebüropartner mehr Gewicht darauf gelegt werden muss, dass das Reisebüro effektiv und wirtschaftlich für das Unternehmen einkauft. Es ist daher wichtiger, dass ein kompetenter und gut ausgebildeter Mitarbeiter am anderen Ende der Telefonleitung sitzt, als dass bei der Reisebürogebühr der letzte Cent gut ausgehandelt ist.

Zum Teil werden Reisebürodienstleistungen, die über das Buchungsgeschäft hinausgehen, gesondert in Rechnung gestellt. Das können Dienstleistungen im Rahmen des Account-Managements sein aber auch ganz profane Dinge. So nehmen immer mehr Reisebüros eine Gebühr für die Zusendung von Rechnungen in Papierform. Dieser Sondergebühr kann man zum Beispiel dadurch entgehen, dass man eine Kreditkarte zur Abrechnung zwischenschaltet.

> *Die gängige Abrechnungsform für die Reisebüroleistung ist die Transaction Fee. Sie wird direkt mit der vermittelten Leistung berechnet und dient der verursachungsgerechten Zuordnung der Kosten. Sie wird differenziert nach Leistungsart und Buchungskanal, das Preisniveau wird deutlich durch die Größe des Gesamtetats beeinflusst.*

Die Reisebüroausschreibung 3

3.1 Projektplan

Die Ausschreibung eines Reisebüros ist ein Projekt. Egal wie groß der Etat ist, den das Unternehmen für Geschäftsreisen ausgibt, sollte der Einkäufer sich für die Reisebüroausschreibung unbedingt etwas Freiraum schaffen. Dabei hat das Projekt inklusive Implementierung eine Laufzeit von mindestens einem halben Jahr – bei komplexeren Unternehmen dementsprechend mehr.

Abb. 3.1 zeigt beispielhaft den Aufbau einer Reisebüroausschreibung mit den Schritten, die wir aus unserer Beratungspraxis bei Steinberg & Partner kennen.

Wie Sie aus Abb. 3.1 ersehen können, ist die eigentliche Ausschreibung die Phase vier des Projektes, also relativ weit hinten. Eine gute Ausschreibung zeichnet sich immer durch eine gute Vorbereitung aus.

In Tab. 3.1 habe ich Ihnen für die ersten drei Phasen die Fragen gestellt, die Sie aus meiner Sicht beantworten sollten, **bevor** Sie mit Ihrer Reisebüroausschreibung an den Markt gehen.

Sicherlich sind diese Fragen nicht abschließend. Ich möchte Ihnen eine Anregung geben, die Reisebüroausschreibung nicht nur als Marktabfrage für die beste Transaction Fee zu sehen. Sie sollte die Ausschreibung auch als eine Chance verstehen, die Zusammenarbeit mit dem Reisebüro auf eine optimierte Grundlage zu stellen. Im Laufe der Ausschreibung werden Ihnen die Reisebüros sicherlich auch noch eigene Vorschläge aus ihrer Produktpalette unterbreiten. Wie bei allen Ausschreibungen halte ich es aber für dringend erforderlich, dass Sie Ihren Bedarf erst einmal formulieren. Berücksichtigen Sie dabei auch, dass nicht Sie allein diese Spezifikation vornehmen können. Sie benötigen dafür den Input anderer Fachabteilungen Ihres Unternehmens und nicht zuletzt auch Input der Buchenden.

R. Mahnicke, *Leitfaden für die Reisebüroausschreibung*, essentials,
DOI 10.1007/978-3-658-14515-6_3

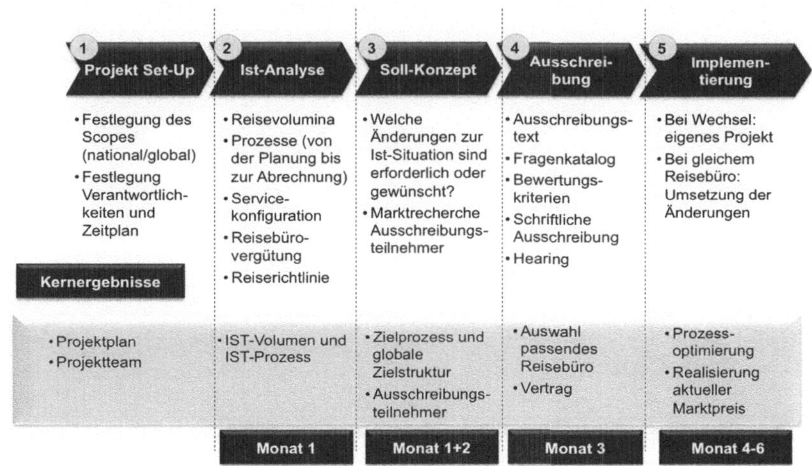

Abb. 3.1 Projektplan Reisebüroausschreibung

Die Reisebüros, die Sie einladen, sollen in erster Linie zu Ihnen passen. Einen Überblick über die großen Ketten finden Sie im Abschn. 2.1. Manchmal lohnt es sich aber auch, sich den lokalen Markt mittelständischer Anbieter anzusehen, insbesondere, wenn Ihr Geschäftsreiseetat überschaubar ist.

Eine Minimumanforderung an ein Geschäftsreisebüro ist allerdings, dass dort Experten sitzen, die sich ausschließlich mit Firmenkunden und dem Thema Geschäftsreisen beschäftigen. Es gibt immer noch touristisch ausgeprägte Reisebüros, die die eine oder andere Firma mit betreuen. Davon ist eher abzuraten, da das touristische Know-how vollkommen anders ist als das notwendige Wissen, eine Geschäftsreise kompetent zu buchen. Auch ein Reporting werden Sie von touristisch ausgeprägten Reisebüros nicht oder nur in qualitativ unterentwickelter Form bekommen. Mit der Ausschreibung selbst beschäftigen wir uns dann im nächsten Unterkapitel.

▶ *Vor der Versendung der Ausschreibungsunterlagen sollten sowohl der Umfang der eingekauften Reiseleistungen als auch die damit verbundenen Prozesse im Unternehmen analysiert werden. Darüber hinaus sollte sich das Unternehmen überlegen, wo bestehende Prozesse in der Zusammenarbeit mit dem Reisebüro verbessert werden sollten.*

Tab. 3.1 Phasen 1–3 zur Vorbereitung der Reisebüroausschreibung

Phase 1: Set-up	Welche Unternehmensteile oder Konzernteile Ihres Unternehmens sind von der Reisebüroausschreibung betroffen?
	Wollen Sie den nationalen Etat ausschreiben oder haben Sie Konzerntöchter im Ausland und wollen den globalen Etat ausschreiben?
	Führen Sie die Ausschreibung allein durch oder sollten Sie andere Personen Ihres Unternehmens einbeziehen (Geschäftsführung, Vorstand, Entscheidungsträger anderer Unternehmens- oder Konzernteile)?
Phase 2: Istanalyse	Wie sieht Ihr Reiseetat aus? Was sind die Volumina für Flug (nach Streckenbereichen) Bahn, Hotel, Mietwagen und Sonstiges, **die über das Reisebüro gebucht werden?**
	Wie viele Tickets, Roomnights oder Anmietungen stehen dahinter?
	Wenn Sie eine OBE nutzen, welche Onlinequote haben Sie?
	Bei Konzernen: wie teilen sich die Volumina und Stückzahlen auf die Konzernteile auf?
	Wie sieht heute der Prozess von der Reisebuchung bis zur Abrechnung aus?
	Wie sieht Ihre heutige Reisebürobetreuung aus?
	Gibt es eine Genehmigung vor der Reise?
	Wird eine Kreditkarte zur Abrechnung eingesetzt?
	Wenn ja, gibt es eine automatisierte Übergabe von Daten in die internen Systeme Ihres Unternehmens?
	Welche Zusatzdaten wie Kostenstelle oder Projektnummer müssen auf Rechnungen oder Kreditkartenabrechnungen vermerkt werden?
	Welche Reports erhalten Sie heute vom Reisebüro?

(Fortsetzung)

Tab. 3.1 (Fortsetzung)

Phase 3: Soll-Konzept	Welche Änderungen zur heutigen Service-Konstellation wollen Sie in die Reisebüroausschreibung einbringen? Soll zum Beispiel eine OBE eingeführt werden? Ist Ihnen die heutige Betreuung nicht persönlich genug, dann könnten Sie die Chancen für einen persönlichen Service ausloten
	Sind die jetzigen Geschäftszeiten des Reisebüros ausreichend oder benötigen Sie erweiterte Geschäftszeiten oder einen 24-h-Service?
	Ist die Expertise der Reisebüroagenten, die Ihre Reisenden betreuen ausreichend oder ist eine weitere Spezialisierung notwendig?
	Gibt es starke Prozessbrüche – zum Beispiel beim Genehmigungsverfahren oder bei der Rechnungsbearbeitung? Wollen Sie hier eine Verbesserung herbeiführen? Setzen Sie sich mit anderen Abteilungen zusammen und skizzieren Sie Ihren Wunschprozess. Fragen Sie diesen am Reisebüromarkt ab
	Welche internen Prozesse können Sie umstellen, um die Zusammenarbeit mit dem Reisebüro effektiver zu gestalten?
	Gibt es weitere Funktionen, die Sie bei dem Reisebüro einfordern wollen, zum Beispiel die Unterstützung bei Verhandlungen mit Leistungsträgern?
	Erhalten Sie alle Zahlen, die Sie benötigen, regelmäßig vom Reisebüro oder benötigen Sie weitere Auswertungen oder eine andere Sichtweise auf die Zahlen zur Abbildung Ihrer Konzernstruktur?
	Welche Reisebüros sind mögliche Ausschreibungsteilnehmer?

3.2 Aufbau einer Ausschreibung

Eine Reisebüroausschreibung sollte im ersten Schritt schriftlich erfolgen. Gehen Sie davon aus, dass Sie von den Anbietern mit Informationen überschüttet werden. Sie sollten daher auch um den Aufwand der Evaluierung überschaubar zu halten, die Ausschreibung durch gezielte schriftliche Fragen steuern. Größere Unternehmen verfügen zum Teil über Ausschreibungstools, die für eine Reisebüroausschreibung sehr gut nutzbar sind. Man kann sich die Ausschreibungsunterlagen aber auch in Word oder Excel gut selbst zusammenstellen.

Den Aufbau entnehmen Sie Tab. 3.2.

Die Fragen aus Tab. 3.2 sollten Sie aufgrund der Analyse, die Sie im Vorwege der Ausschreibung gemacht haben, beantworten können. Ich gebe Ihnen ein Beispiel für die Darstellung des Reisevolumens (Tab. 3.3).

Wenn Sie Ihren Etat in dieser Form beschrieben haben, können Sie dazu übergehen, Ihre Fragen an das Reisebüro zu stellen. Dabei geht es neben der reinen Preisabfrage insbesondere auch um eine Bewertung der Qualität der Reisebürobetreuung. Wie ist der Service, wie ist das Einkaufsverhalten des Reisebüros? Auch hier gebe ich Ihnen Beispiele für einen Fragenkatalog. Die Bewertung der Antworten ist zugegebenermaßen für einen fachfremden Einkäufer nicht ganz einfach. Aber ich hoffe, Sie haben sich mit der Lektüre dieses *essentials* einen Überblick über die Funktionsweise des Marktes verschafft, sodass Sie die Antworten der Reisebüros kritisch hinterfragen können.

Sie können die Transaktionsgebühr nach dem Schema in Tab. 3.4 abfragen.

▶ *Die Ausschreibungsunterlagen sollten zunächst in schriftlicher Form versendet werden und bestehen aus einer Beschreibung des Etats mit den gewünschten Prozessen, einem Fragenkatalog zu dem Serviceumfang und einer Abfrage für das finanzielle Angebot.*

3.3 Evaluierung: Wie suche ich den Besten aus?

Ein weit verbreiteter Fehler bei der Wahl des Reisebüropartners ist die Fokussierung auf die Transaktionsgebühr, die das Reisebüro vom Kunden verlangt. Natürlich möchte man als Einkäufer auch hier durch die Ausschreibung einen Preisvorteil erzielen. Allerdings macht die Transaktionsgebühr nur einen kleinen Teil der vermittelten Reisekosten aus, je nach Marktlage, Unternehmensgröße und Anforderungen sind es zwischen drei und fünf Prozent des vermittelten

Tab. 3.2 Bestandteile des Ausschreibungsdokuments

Beschreibung des Unternehmens	Stellen Sie Ihr Unternehmen kurz dar: Setzt es sich aus verschiedenen Unternehmensteilen zusammen, wo sind diese ansässig? Was ist der Inhalt Ihrer Unternehmenstätigkeit?
Eckdaten der Ausschreibung	Wie groß ist der Geschäftsreiseetat Ihres Unternehmens insgesamt? Wann soll die Zusammenarbeit mit dem neuen Reisebüro beginnen? Wie ist der Ablauf der Reisebüroausschreibung geplant?
Beschreibung des Reisevolumens	Stellen Sie Ihren Reiseetat gegliedert nach den Reiseleistungen, **die über das Reisebüro gebucht werden sollen** dar
	Beschreiben Sie auch gern, welche Buchungskanäle neben dem Reisebüro im Einsatz sind (Internetportale etc.)
	Für die Kalkulation des Reisebüros ist es ebenfalls wichtig, dass Sie darauf hinweisen, wenn Sie für Flüge, Mietwagen oder Hotelbuchungen Nettoraten vereinbart haben und wie hoch in etwa die Quote der Buchungen für Nettoraten ist. Für diese Buchungen erhält das Reisebüro nämlich keine gesonderte Kommission
Beschreibung des Buchungsprozesses und der gewünschten Servicekonfiguration	Stellen Sie dar, wie das Reisebüro in den Buchungsprozess eingebunden werden soll. Wird die Buchung vor allem per E-Mail oder telefonisch getätigt werden, oder soll ein Buchungsformular verwendet werden?
	Ist das Reisebüro in einen Genehmigungsprozess eingebunden? Haben Sie eine OBE im Einsatz oder soll eine OBE vom Reisebüro gestellt werden? Wie hoch ist Ihre heutige Onlinequote?
	Wünschen Sie die Betreuung durch ein dedicated Team oder ein designated Team oder ist gar ein Implant geplant?
	Benötigen Sie erweiterte Öffnungszeiten des Reisebüros oder einen 24-h-Service?
	Streben Sie für einzelne Unternehmensteile eine separate lokale Betreuung durch eine Reisebürofiliale vor Ort an oder soll die Betreuung zentralisiert werden? Geht es gegebenenfalls auch um eine globale Betreuung?
	Auch die Abrechnungsform wird hier dargestellt: Haben Sie eine Firmenkreditkarte im Einsatz? Gibt es Besonderheiten bei der Abrechnung, zum Beispiel, dass die Kostenstelle oder die Projektnummer in die Buchung eingepflegt werden muss?
	Für größere Unternehmen stellen sich hier auch die Fragen, wie das Reisebüro in interne Prozesse und an interne Systeme anzugliedern ist. Soll es zum Beispiel eine Anbindung an das HR-System für die Überspielung von Stammdaten geben? Sollen Buchungsdaten in die Reisekostenabrechnung übergeben werden usw.
Reisestandards/ Reiserichtlinie	Beschreiben Sie, wann es Ihren Reisenden erlaubt ist, Business zu fliegen, wann sie die erste Klasse in der Bahn nutzen dürfen und welche Mietwagenklassen erlaubt sind. Haben Sie eine Hotelobergrenze hinterlegt?

Tab. 3.3 Darstellung des Geschäftsreisevolumens für die Reisebüroausschreibung

	Economy (2. Klasse)		Business (1. Klasse)		Gesamt
	Anzahl	Volumen (€)	Anzahl	Volumen (€)	Volumen (€)
Flug:					
Deutschland					
Europa					
Interkontinental					
Bahn:					
Mietwagen:	-	-	-	-	
Hotel:	-	-	-	-	
Visa:	-	-	-	-	
Sonstiges:	-	-	-	-	
Gesamt:	-	-	-	-	
Onlinequote	-	-	-	-	%
Webbuchungen	-	-	-	-	*Anzahl*

Tab. 3.4 Transaction-Fee-Modell der Reisebüros

Transaktionsart	Transaction Fee Online	Transaction Fee Offline
Flug Inland		
Flug Europa		
Flug Interkont		
Flug Refund		
Flug Low-Cost-Carrier		
Hotel		
Hotel Storno/Umbuchung		
Mietwagen		
Mietwagen Storno/ Umbuchung		
Bahn Papier		
Bahn Online-Ticket		
Bahn Rücknahme/Storno		
Visaservice		

Reisevolumens. Es ist daher eminent wichtig, dass Sie in der Reisebüroausschreibung auf die Qualität der vermittelten Reiseleistungen achten, auf die 95 bis 97 % also, die das Reisebüro Ihnen in Rechnung stellt und dann an die Luftverkehrsgesellschaft etc. weiterleitet.

Die Erfahrung zeigt, dass sich die von den Reisebüros vermittelten Leistungen vom Preisniveau her deutlich unterscheiden können. Das hängt zum einen mit der Berufserfahrung und Kompetenz der Agenten zusammen, zum anderen auch mit den technischen Möglichkeiten, die das Reisebüro seinen Agenten bei der Tarifrecherche zur Verfügung stellt. Eine geringe Rolle spielen auch eigene Abkommen sowie ein eigener Flugticketeinkauf über einen Konsolidator.

Jetzt stehen Sie als Einkäufer natürlich vor der Frage, wie Sie im Vorwege bewerten wollen, inwiefern das Reisebüro für Sie ein kompetenter Partner beim Reiseeinkauf und dem damit verbundenen Service ist. Sie können sich einer Antwort annähern, indem Sie fragen, wie das Reisebüro arbeitet (siehe Fragenkatalog Tab. 3.5) und zum Beispiel die Berufserfahrung der Agenten, die Ihnen angeboten werden, nebeneinanderstellen. Letztendlich will ich Sie anregen, sich die Kriterien für Ihre Entscheidung im Vorwege genau zu überlegen und zu gewichten, sei es mit einem Punktesystem oder einer Notenvergabe wie in der Schule.

Die Kriterien können Sie der Tab. 3.6 entnehmen, ich schlage dazu eine Gewichtung vor, die aus meiner Sicht marktgerecht ist. Sie können diese natürlich Ihren eigenen Bedürfnissen anpassen. Unternehmen unterschiedlicher Größenordnung haben bezüglich eines Account-Managements und des Reportings unterschiedliche Anforderungen: Große Unternehmen wünschen hier eine intensivere Verzahnung des Reisebüros mit den eigenen Prozessen, zum Beispiel Schnittstellen zur Reisekostenabrechnung oder zur Personalverwaltung. Auch die Reporting-Anforderungen sind individueller, weil zum Beispiel die eigene Konzernstruktur im Reisebüroreporting abgebildet werden soll.

Kleinere Unternehmen benötigen diese Prozessintegration nicht in dem Maße, es reicht vielleicht sogar ein jährlicher Aufriss der gebuchten Reiseleistungen in Form einer Power-Point-Präsentation oder einer Excel-Tabelle. Je mehr Reisebüro und Unternehmen die Prozesse miteinander verzahnen, desto mehr wird das Unternehmen auch Wert darauf legen, mit einem wirtschaftlich stabilen Lieferanten zusammenzuarbeiten. Die Unternehmensdaten, die das Reisebüro liefert, werden daher eher bei großen Unternehmen in die Bewertung mit einfließen. Daher habe ich zwei verschiedene Ausprägungen für die Gewichtung der Kriterien aufgezeigt – eine für kleinere und eine für größere Unternehmen (Tab. 3.6).

Wie Sie in der Tab. 3.6 sehen können, messe ich der Servicequalität einen hohen Wert bei. Hierzu gehört nicht nur die Freundlichkeit des Personals, sondern

Tab. 3.5 Fragenkatalog Reisebüro

Servicequalität	Wie sind die Öffnungszeiten des Reisebüros?
	Kann die gewünschte Servicekonfiguration angeboten werden?
	Wie sind der Ausbildungsstand und die Berufserfahrung der Agenten, die das Team betreuen werden?
	Kann das Reisebüro eine OBE wenn gewünscht zur Verfügung stellen?
	Wie sehen die Angebote des Reisebüros aus, wie werden unterschiedliche Tarife miteinander verglichen?
	Wie ist das Beschwerdemanagement geregelt?
	Wie sieht eine Buchungsbestätigung aus?
OBE (falls angefordert, Teil der Servicequalität)	Wie bedienerfreundlich ist die OBE?
	Ist es zum Beispiel für einen Travel Arranger einfach, einen Überblick über die offenen Reisen der Mitarbeiter, für die er zuständig ist, zu bewahren? Wie werden Umbuchungsmöglichkeiten etc. dargestellt? Wie wird der Buchende auf den Best Buy, also die günstigste Möglichkeit innerhalb des Zeitfensters hingewiesen?
	Wie kann die eigene Reiserichtlinie in der OBE abgebildet werden?
	Wie werden Rahmenvertragspartner dargestellt?
	Werden in der Buchungsbestätigung sämtliche online gebuchten Reiseleistungen zusammengefasst?
	Wie kann die OBE die spezifischen Prozesse des eigenen Unternehmens darstellen?
Einkaufsverhalten	Wie stellt das Reisebüro sicher, dass der zum Zeitpunkt der Buchung wirtschaftlichste Tarif gebucht wird?
	Wie wird sichergestellt, dass der Agent zum Zeitpunkt der Buchung den günstigsten Tarif dargestellt bekommt? Werden dabei auch Web-Tarife berücksichtigt?
	Wie wird sichergestellt, dass die Reiserichtlinie des Unternehmens eingehalten wird?
	Wird eine automatisierte Qualitätssicherungssoftware eingesetzt, die den Agenten darauf hinweist, dass die Reiserichtlinie nicht eingehalten wird?
	Gibt es eine automatisierte Tarifoptimierung, die regelmäßig zwischen Buchung und Ticketing überprüft, ob der gebuchte Tarif mittlerweile unterboten wurde?

(Fortsetzung)

Tab. 3.5 (Fortsetzung)

Account-Management/ Reporting	Lassen Sie sich den Account-Manager, der Sie betreuen wird, persönlich vorstellen!
	Wird es vierteljährliche/halbjährliche oder jährliche Review-Meetings geben und was wird der Inhalt sein?
	Wird der Account-Manager Sie bei Verhandlungen mit Airlines etc. unterstützen?
	In welcher Form wird der Account-Manager Sie auf weitere zu schließende Abkommen mit Leistungserbringern hinweisen und Sie über Marktveränderungen informieren?
	Wenn Sie Wünsche für Auswertungen haben, dann fordern Sie diese als Beispiel im Rahmen der Ausschreibung an
	Lassen Sie sich für Reporting-Vorschläge des Reisebüros ebenfalls Beispiele geben
Finanzielles Angebot	Entscheiden Sie sich im Vorwege, ob Sie eine Transaktionsgebühr oder eine Management Fee zahlen wollen und holen Sie sich die entsprechenden Angebote ein. Wie eine Aufstellung von Transaktionsgebühren aussieht, zeigt die Tab. 3.4
Unternehmensdaten	Einige Unternehmen holen prinzipiell Angaben zur Größe und finanziellen Stabilität der Anbieter ein. Das kann beim Reisebüro gerade bei kleineren Anbietern sinnvoll sein. Schließlich stellen Sie die Prozesse mit dem Reisebüro ein und wollen die damit verbundene Mehrarbeit nicht in allzu kurzen Abständen auf sich nehmen

Tab. 3.6 Gewichtete Kriterien für die Evaluierung bei Reisebüroausschreibungen

Kriterium	Gewichtung kleine Unternehmen (%)	Gewichtung große Unternehmen (%)
Servicequalität (inkl. OBE)	40	30
Einkaufsverhalten	40	30
Account-Management/ Reporting	5	20
Finanzielles Angebot	15	15
Unternehmensdaten	0	5
Gesamt	100	100

auch die Erreichbarkeit (Öffnungszeiten, Anzahl der Mitarbeiter, Telefonweiterschaltungen, 24-h-Konzepte etc.), die Nutzerfreundlichkeit der Online-Buchungsmaschine, die Qualität der Angebote etc. Machen Sie sich von der Servicequalität ein Bild, wenn Sie die Reisebüros miteinander vergleichen. Sie stehen hier als Einkäufer im Schussfeld, wenn Sie einen Vertrag mit einem Reisebüro abschließen, das Ihren internen Kunden nicht den gewünschten Service bieten kann.

Wenn Sie jetzt die Antworten der Reisebüros vergleichen, können Sie sich im Vorwege ein Bewertungsschema aufbauen. Die einfachste Form wäre, dass Sie für jedes Kriterium maximal 100 Punkte vergeben können. Sie geben jedem Reisebüro eine Punktzahl und gewichten diese mit dem Gewichtungsfaktor. Sie erhalten dann eine Gesamtpunktzahl, die Sie miteinander vergleichen können (Abb. 3.2).

Sie können dieses Schema auch noch weiter ausbauen, indem Sie die einzelnen Fragen innerhalb der Kriterien gewichten (Tab. 3.7).

Dieses Vorgehen dient in erster Linie dazu, qualitative Kriterien zu bewerten und quantifizierbar zu machen. Ich erlebe es in meiner beruflichen Praxis immer mehr, dass Einkaufsentscheidungen allein aus Revisionsgründen sauber dokumentiert und begründet werden müssen. Dafür ist es gut, wenn „weiche" Kriterien wie zum Beispiel die Servicequalität mit einzelnen Fragen überprüft und dann bewertet werden. In einigen Fällen reicht diese noch einfache Form der Dokumentation nicht mehr, sondern es muss im Vorwege ein Antwortkatalog zu den Fragen erarbeitet werden. Was erwarte ich zum Beispiel, damit das Reisebüro für das Beschwerdemanagement eine volle Punktzahl erhält, wann erhält es 50 % der Punkte usw. Unsere Rolle als Beratungsunternehmen wandelt sich in diesem Punkt neben der Einbringung unserer fachlichen Kompetenz insbesondere auch in der revisionssicheren Dokumentation der Einkaufsentscheidung.

Bewertungsschema			
Kriterium	Punkte von 100	Gewichtung	Erreichte Punkte
1. Servicequalität	60	40%	24,00
2. Einkaufsverhalten	80	40%	32,00
3. Account Management / Reporting	75	5%	3,75
4. Finanzielles Angebot	80	15%	12,00
5. Unternehmensdaten	100	0%	0,00
TOTAL			71,75 max. 100

Abb. 3.2 Gewichtungsmechanik bei einer Reisebüroausschreibung

Tab. 3.7 Gewichtung der Unterkriterien

Kriterium	Frage	Maximale Punkte
Servicequalität	Wie sind die Öffnungszeiten des Reisebüros?	10
	Kann die gewünschte Servicekonfiguration angeboten werden?	20
	Wie sind der Ausbildungsstand und die Berufserfahrung der Agenten, die das Team betreuen werden?	20
	Kann das Reisebüro eine OBE wenn gewünscht zur Verfügung stellen?	20
	Wie sehen die Angebote des Reisebüros aus, welche Antwortzeiten werden vom Reisebüro garantiert?	20
	Wie ist das Beschwerdemanagement geregelt?	10

Jetzt rate ich Ihnen nicht, sich für das Reisebüro mit der höchsten Punktzahl zu entscheiden. Meistens kristallisieren sich auf diesem Weg zwei oder drei Anbieter heraus, die Ihren Anforderungen besser entsprechen als der Rest und mit diesen Anbietern sollten Sie persönliche Gespräche durchführen. Je nachdem wie viel Aufwand Sie für das Thema aufbringen können, können das kurze Gespräche sein oder Präsentationen des Reisebüros in Ihrem Haus. Lassen Sie sich dabei auch unbedingt die Personen vorstellen, mit denen Sie es später zu tun haben: Den Account-Manager – Ihren Ansprechpartner als Einkäufer – und zumindest den Teamleiter des operativen Teams, das Ihre Reisenden betreuen wird, wenn nicht gar einzelne Mitglieder des Teams. Erst nach den persönlichen Terminen sollten Sie sich für einen Anbieter entscheiden und in die Vertragsverhandlungen gehen.

▶ *Für die Bewertung der Reisebüroangebote sind neben dem Preis die Servicequalität, das Einkaufsverhalten und das Reporting/Accountmanagement als Kriterien wichtig. Vor der Bewertung sollte der Einkäufer die Gewichtung dieser Kriterien festlegen.*

3.4 Der Reisebürovertrag

Es gibt aus Sicht eines Reisebüros im Allgemeinen keinen Grund, einen Rahmenvertrag mit Ihrem Unternehmen abzuschließen. Es ist Usus in der Branche, Ihnen eine Gebührentabelle für die Transaktionsgebühren zu schicken und auf ein weitergehendes Vertragswerk zu verzichten. Die Zahlungsmodalitäten ergeben sich aus der Abrechnung über eine Kreditkarte, eine Abnahmeverpflichtung oder Ausschließlichkeitsklauseln, die Sie über einen definierten Zeitraum an ein Reisebüro binden, sind nicht üblich.

Tab. 3.8 Service Level Agreement

Servicequalität	Öffnungszeiten	Wochentage 8–18 Uhr, 24 h Notfallservice
	Servicekonfiguration Ausbildungsstand und die Berufserfahrung der Agenten	Dedicated Team mit zwei Personen Ein Agent mit mindestens 5 Jahren Berufserfahrung, einer mit mindestens 3 Jahren
	OBE	Produkt xy
	Angebote (für die einzelnen Flüge)	Mindestens zwei, wenn möglich drei Angebote als Einzel-PDF laut Anlage, Antwortzeit innerdeutsche Flüge eine Stunde, internationale Flüge 2 h
	Wie ist das Beschwerdemanagement geregelt?	Antwortzeit innerhalb von einem Tag, Lösung innerhalb einer Woche

Dennoch ist es aus Sicht des Einkäufers natürlich sinnvoll, den Ausschreibungsprozess mit einem Vertragsabschluss zu beschließen und die Dinge, die während der Ausschreibung angeboten und besprochen wurden, in einem Vertragsdokument festzuhalten. Neben der Preistabelle sollten zumindest die Angaben des Reisebüros zu Ihrem Fragenkatalog in einem Vertrag als Service Level Agreement (SLA) dokumentiert werden.

Auch hier nehmen wir wieder die Servicequalität als ein Beispiel (Tab. 3.8).

Je nach Unternehmensgröße ist es mittlerweile auch üblich, eigene Vertragsinhalte wie zum Beispiel zur Datensicherheit in den Reisebürovertrag mit einzubringen. Hier ist es angeraten, sich rechtzeitig mit der entsprechenden internen Fachabteilung abzustimmen und die vertraglichen Anforderungen schon während des Ausschreibungsprozesses mit dem Reisebüro zu thematisieren.

▶ *Ein Reisebürovertrag sollte neben den Transaktionsgebühren ein Service Level Agreement enthalten.*

Globale Reisebüroausschreibungen

4

4.1 Sinn und Unsinn globaler Ausschreibungen

Die Etablierung globaler Einkaufsabteilungen in vielen Unternehmen führt derzeit im Reisebürobereich dazu, dass die Anzahl globaler Ausschreibungen zunimmt: Ein Lieferant für sämtliche Niederlassungen lautet das vorrangige Ziel.

Die vorhandenen globalen Reisebüroanbieter verfügen über weltweite Standorte, zum Teil sind sie durch eigene Büros repräsentiert, zum Teil decken sie Ländervertretungen über Partnerunternehmen ab. Kein Reisebüroanbieter kann dabei aber eine hundertprozentige Abdeckung der Welt bieten. Das Unternehmen, das einen globalen Reisebüropartner sucht, sollte daher zunächst den Abdeckungsgrad der eigenen Länderorganisationen durch die Standorte des Anbieters in einer Ausschreibung überprüfen.

Denn die Betreuung durch eine Reisebürorepräsentanz im jeweiligen Land ist immer noch eine Grundlage der Zusammenarbeit, das globale Reisewesen ist immer noch äußerst lokal aufgestellt: Flugtarife werden länderweise kalkuliert, die Rechnungsstellung muss lokal geschehen und kein Reservierungssystem deckt bisher weltweit lokale Gegebenheiten wie zum Beispiel Bahnverbindungen global ab.

Was die Reisebüros aber global anbieten, ist eine koordinierte globale Kundenbetreuung mit einem entsprechenden Reporting. So kann das Unternehmen einen Überblick über den welt-weiten Etat gewinnen und entsprechende Steuerungshebel global setzen.

Genauso wichtig ist heute vielen Unternehmen die Umsetzung ihrer Fürsorgepflicht für die Sicherheit der Mitarbeiter während der Geschäftsreise. Hier unterstützen die Reisebüros durch globale Tools, über die der Standort von Mitarbeitern im Falle einer lokalen Krisensituation aufgrund ihrer Reisebuchungen lokalisiert werden kann.

R. Mahnicke, *Leitfaden für die Reisebüroausschreibung,* essentials,
DOI 10.1007/978-3-658-14515-6_4

Die Einsparungen, die sich aus der Bündelung auf einen Reisebüropartner ergeben, resultieren meist nicht aus der Volumenbündelung des Reiseetats sondern aus dem globalen Management desselben. Ohne Konsolidierung auf einen (oder mehrere) professionelle Reisebüropartner bekommt man die Buchungen für Geschäftsreisen sämtlicher Niederlassungen nicht in den Griff. Das lokale Reisebüro um die Ecke kann sehr professionell sein, überprüfen kann die Niederlassung die Einkaufsqualität des Reisebüros nicht. Werden Flüge über dem Marktpreis eingekauft bleibt dies meist unbemerkt. Beim globalen Partner kann über global festgelegte Servicestandards und ein globales Reporting eine weitaus größere Einkaufssicherheit erzielt werden.

Stichproben, die wir als Unternehmensberatung durchgeführt haben, haben zu Einsparungen von bis zu 10 % allein durch den Wechsel zu einer professionellen Reisebürobetreuung geführt. Weitere Einsparungen können durch ein zentrales Vertragsmanagement erzielt werden: Aufgrund der Daten, die dem zentralen Einkauf nach einem Jahr globaler Reisebürobetreuung vorliegen, kann er entscheiden, wo sich lokale – und eher im Ausnahmefall – auch globale Verträge mit Luftverkehrsgesellschaften, Hotels und Mietwagengesellschaften lohnen.

Was bedeutet das nun für die globale Reisebüroausschreibung?

▶ *Die globale Reisebüroausschreibung macht vor allem Sinn, um den Reiseetat global zu managen. Ein professioneller Reisebüropartner sichert sich auch für die verschiedenen globalen Standorte von Unternehmen ab, dass dort Einkaufsprinzipien und Unternehmensprozesse eingehalten werden.*

4.2 Analyse

Bei einer globalen Ausschreibung ist es besonders wichtig, sich über den Scope der Ausschreibung klar zu werden, bevor man beginnt. Nicht alle Länder, in denen Ihr Unternehmen oder Ihr Konzern tätig ist, müssen in die Ausschreibung eingebunden werden. Vielleicht beschränken Sie die genauere Ausschreibung auf Kernländer, in denen eine hohe Reisetätigkeit zu erwarten ist und nehmen andere nur als „zukünftige Ausbaustufe" in die Ausschreibung mit hinein. Ein Indikator für die Höhe der Reisetätigkeit ist die Anzahl der Mitarbeiter in dem betreffenden Land.

Häufig ist das Reisevolumen in den einzelnen Ländern im zentralen Einkauf nicht bekannt. In diesem Fall müssten Sie in der Analysephase eine interne Abfrage in den Ländern machen und die Informationen zu Reisevolumen und besondere länderspezifische Buchungs- und Abrechnungsprozesse zusammenstellen. Sie benötigen für die globale Ausschreibung für jedes Land, für das Sie ein Angebot wünschen, Informationen, um die Werte in der Tab. 3.2 füllen zu können und die Punkte aus der Tab. 3.3 darstellen zu können. In den meisten Unternehmen sind Prozesse, die mit Geschäftsreisen zusammenhängen, nicht einheitlich. In einigen Ländern werden Genehmigungen vor der Reise eingeholt, in anderen nicht. Vielleicht rechnet das eine Land über eine Firmenkreditkarte ab, das andere bekommt Rechnungen vom Reisebüro.

Eine weitere Facette des Überblicks, den Sie sich verschaffen sollten, ist die heutige Buchungsform in den einzelnen Märkten. Wenn in Ihrem Unternehmen bisher die Reisebürobetreuung noch nicht global aufgestellt ist, werden Sie merken, dass es Teile in Ihrem Unternehmen gibt, die bisher ein Reisebüro nur in Ausnahmefällen nutzen und sämtliche Reiseleistungen im Internet buchen. Einige Länder werden eine OBE nutzen, andere nicht.

Ein Ergebnis der Analysephase sollte sein, dass Sie eine Strategie bilden: Welche Länder sollen in der Ausschreibung berücksichtigt werden, welche nicht? Da Sie (und das Reisebüro) später in jedem Land auch eine Implementierung vornehmen müssen, sollten Sie als Praxistipp die Länder außen vorlassen, in denen Sie mit weniger als 20 Mitarbeitern vertreten sind.

Sollen alle Länder das gleiche Reisebüro nutzen oder wollen Sie den Ländern z. B. zwei Reisebüros zur Verfügung stellen, zwischen denen diese sich einen Lieferanten aussuchen können? Dieses Vorgehen wählt man vor allem, um nicht von einem Lieferanten abhängig zu sein und Ausweichmöglichkeiten in Ländern zu haben, in denen ein Reisebüro vielleicht nicht optimal vertreten ist. Diese Alternative ist allerdings nur bei größeren Reiseetats ab 50 Mio. € zu empfehlen. Der Koordinationsaufwand sowohl bei der Ausschreibung als auch bei der Implementierung wird ungleich größer, als wenn ich mich für einen Reisebüropartner entscheide.

Soll in allen Ländern die gleiche OBE genutzt werden? Hier rate ich derzeit noch eher ab, da die OBEs die lokalen Märkte nicht flächendeckend abdecken, aber auch das wäre eine Analyse wert und ist abhängig von den Ländern, in denen Sie eine OBE einsetzen wollen.

Über die globale Ausschreibung – wenn es die erste ist – kommt man auch zu der Frage, welche Verantwortung Sie als globaler Einkäufer in Zukunft übernehmen werden. In den meisten Fällen wird Ihre Verantwortung für die Einhaltung der Service-Levels in den einzelnen Ländern steigen. Sie werden auch ein globales Reporting benötigen, damit Sie einen Überblick über die Reiseausgaben in den einzelnen Ländern und global bekommen. Soll dieses Reporting Ihre Unternehmensstruktur widerspiegeln? Dann sollten Sie hier Anforderungen zu Papier bringen, die Sie mit den Reisebüros diskutieren.

▶ *Die Vorbereitung einer globalen Ausschreibung ist umfangreicher als bei einer nationalen. Für jeden Markt, in dem das Unternehmen durch eine Niederlassung vertreten ist, muss eine Darstellung des Etats und der dort abzubildenden Prozesse gemacht werden.*

4.3 Das globale Ausschreibungsdokument

Beginnen Sie auch hier mit einer Beschreibung Ihres Konzerns und teilen Sie dem Ausschreibungspartner mit, welches Ziel Sie mit der Ausschreibung verfolgen (z. B. Konzentration auf einen Reisebüropartner oder Konsolidierung auf ein Reisebüro pro Region, vielleicht die Durchsetzung einer globalen Reiserichtlinie, die Einführung eines globalen Sicherheitssystems etc.).

Als nächstes sollten Sie Ihre globalen Anforderungen definieren. Auch hier gebe ich Ihnen eine tabellarische Übersicht über die möglichen Anforderungen, die Sie definieren könnten (Tab. 4.1).

In dem Ausschreibungsdokument sollte dann die Beschreibung des Etats auf nationaler Ebene folgen, z. B. durch eine Darstellung wie in den Tab. 3.2 und 3.3 skizziert pro Land. Das kann in Prosa sein oder als tabellarische Übersicht aufgebaut werden, wichtig ist, dass das Reisebüro ein Angebot für eine Transaction Fee pro Land erstellen kann.

Auch den Fragenkatalog können Sie weitestgehend von der nationalen Ausschreibung übernehmen. Bei globalen Ausschreibungen kommen im Wesentlichen die folgenden Aspekte hinzu (Tab. 4.2).

▶ *In dem globalen Ausschreibungsdokument sollte insbesondere hinterfragt werden, ob die Reisebüros an den Standorten des Unternehmens auch vertreten sind. Zusätzlich zu den Fragen einer nationalen Ausschreibung sollten globale Leistungen wie das globale Reporting und das globale Account Management hinterfragt werden. Das finanzielle Angebot muss pro Markt abgefragt werden.*

4.4 Besonderheiten der Evaluierung bei globalen Ausschreibungen

Die Evaluierung bei globalen Ausschreibungen hängt sehr stark vom Umfang des Reiseetats und die Bedeutung der unterschiedlichen Märkte ab:

Sollte ein Großteil des Reiseetats durch die Zentrale verursacht werden und durch die Ausschreibung nur einige weitere Niederlassungen an das Modell der

Tab. 4.1 Globale Anforderungen an das Reisebüro

Globales Account Management	Formulieren Sie Ihre Erwartungshaltung an einen globalen Account Manager (z. B. ein Ansprechpartner für den zentralen Einkauf, Unterstützung bei Beschwerden über das Reisebüro von lokalen Einheiten Ihres Unternehmens, Unterstützung bei dem Vertragsmanagement mit Leistungsträgern, Optimierung der lokalen Servicekonfiguration)
Globales Reporting	Wie oft und in welcher Granularität benötigen Sie ein Reporting über den Gesamtetat? Soll für die Gliederung des Reportings die Struktur Ihres Unternehmens abgebildet werden (z. B. eine Spartenstruktur?)
Dienstleistungen des Reisebüros zur Sicherheit des Reisenden	Wollen Sie ein System zum Tracking Ihrer Reisenden einführen? Wollen Sie hier ein System nutzen, das vom Reisebüro angeboten wird oder wollen Sie eine Schnittstelle zu einem Dienstleister für Reisesicherheit schaffen
Globales Ticket Pricing	Flugtickets ab einer bestimmten Größenordnung könnten über eine globale Pricingfunktion optimiert werden, es wird dann überprüft, ob die Ausstellung eines Tickets sich in einem anderen Land lohnt. Diese Dienstleistung könnten Sie anfragen, wenn Sie hochpreisige interkontinentale Tickets in mehreren Märkten buchen
Konsolidierte Servicekonfiguration	Teilweise wird die Konsolidierung der Betreuung mehrerer benachbarter Länder in einem überregionalen Callcenter des Reisebüros angefragt. Das senkt die Reisebürogebühren, es ist aber zu überprüfen, ob der Servicelevel dann noch genügend gehalten werden kann, z. B. die Abdeckung der Landessprachen

Zentrale angeschlossen werden, können Sie die Evaluierung mit einem starken Gewicht auf Ihre Hauptniederlassung vornehmen.

Wenn Sie mehrere größere Reiseetats auf globaler Ebene zu vergeben hat, lohnt sich eine Evaluierung pro Land oder zumindest pro Kontinent, um den einzelnen Märkten besser gerecht zu werden. Ein Ergebnis dieser getrennten Evaluierung könnte sein, dass Sie Ihre Strategie noch einmal überdenken, nur mit einem Reisebüropartner zusammenzuarbeiten.

Tab. 4.2 Spezifische Fragen für die globale Reisebüroausschreibung

Abdeckung der Standorte des Unternehmens durch das Reisebüro	Lassen Sie sich von dem Reisebüro für Ihre einzelnen Standorte angeben, ob das Reisebüro in diesem Land vertreten ist, wenn ja, ob es durch eine eigene Organisation oder einen Partner vertreten ist und wie viele Mitarbeiter im Geschäftsreisebereich lokal angestellt sind
Servicekonfiguration	Lassen Sie pro Land und/oder Standort darstellen, welche Online- und welche Offline Servicekonfiguration das Reisebüro für dieses Land anbietet (welche OBE, dedicated oder designated Team)
Globales Account Management	Lassen Sie sich – wie bei der nationalen Ausschreibung – den geplanten globalen Account Manager während des Ausschreibungsprozesses persönlich vorstellen
	Hinterfragen Sie, mit welchen Mitteln der globale Account Manager den Etat steuern kann, ob er die Ansprechpartner in den lokalen Märkten auf Reisebüroseite kennt und welche Kommunikations- und Durchgriffsmöglichkeiten er hat, um den Gesamtetat zu steuern
Globales Reporting	Wenn Sie Wünsche für Auswertungen – insbesondere in der Firmenstruktur oder nach besonderen von Ihnen gesetzten Kriterien haben, dann fordern Sie diese als Beispiel im Rahmen der Ausschreibung an
	Hinterfragen Sie, wann das Reisebüro Ihnen ein konsolidiertes globales Reporting geben kann, eines Aktualisierung der Daten über Nacht ist in diesem Bereich nicht unbedingt gängig
Finanzielles Angebot	Sie werden ein Angebot pro Markt von den Reisebüros erhalten. Bereiten Sie daher die Preisabfrage laut Tab. 3.5 pro Land vor, dass Sie ausschreiben
	Hinterfragen Sie, ob über die Gebühren zur Serviceabdeckung der lokalen Märkte hinaus für die globalen Dienstleistungen des Reisebüros Gebühren anfallen

Oder Sie einigen sich bewusst auf den Anbieter, der durch ein Ranking in den verschiedenen Märkten insgesamt am Besten abschneidet.

Bezüglich der Reisebürogebühren lohnt sich bei globalen Ausschreibungen in jedem Fall eine Hochrechnung der Reisebürogebühren pro Markt anhand des

Mengengerüstes, das aus Ihrer Analyse hervorgegangen ist. Bei der Hochrechnung müssen Sie des Weiteren berücksichtigen, dass die Reisebüroangebote zum Beispiel in Hinblick auf die Servicekonfiguration vergleichbar sind (welche OBE wird eingesetzt, wird ein dedicated oder ein designated Team angeboten?)

Sie sehen an diesen kurzen Beispielen, dass die Evaluierung bei globalen Ausschreibungen deutlich komplexer sein kann. Auch die anschließenden Verhandlungen müssen für jedes einzelne Land durchgeführt werden und binden bei Ihnen und beim Reisebüro Ressourcen. Ich komme hier noch einmal auf die Ausschreibungsstrategie (Abschn. 4.2) zurück:

Fokussieren Sie in der globalen Ausschreibung auf Ihre Hauptmärkte und gerade wenn Sie weltweit stark verzweigt sind führen Sie die Ausschreibung nicht für kleinere Niederlassungen durch. Vielleicht erwähnen Sie diese nur im Ausschreibungsdokument, fragen die Präsenz des Reisebüros in diesen Märkten mit ab aber führen den Rest der Ausschreibung nur für die größeren Märkte durch. Die kleineren Länder können Sie dann später im Rahmen der Implementierung mit integrieren.

▶ *Die Evaluierung der globalen Ausschreibung sollte insbesondere auf die zentralen Märkte eingehen, in denen das Unternehmen vertreten ist.*

Was Sie aus diesem *essential* mitnehmen können

- Die Reisebüroausschreibung sollte sich nicht auf die Abfrage von Reisegebühren fokussieren, da diese nur 3–5 % der Reiseleistungen ausmacht, die über das Reisebüro bezogen werden.
- Wichtig ist vielmehr die Bewertung der Service- und Einkaufsleistung des Kunden, die mit eigenen Kriterien und Fragestellungen in der Ausschreibung eruiert werden muss.
- Vor der eigentlichen Ausschreibung sollte eine Bestandsaufnahme der Volumina und der betroffenen Prozesse im Unternehmen vorgenommen werden.
- Insbesondere sollte bedacht werden, dass auch eine Onlinebetreuung durch das Reisebüro möglich ist.
- Bei globalen Reisebüroausschreibungen ist insbesondere die Servicebereitschaft des Reisebüros in den Märkten, in denen das Unternehmen vertreten ist, zu betrachten.

R. Mahnicke, *Leitfaden für die Reisebüroausschreibung*, essentials,
DOI 10.1007/978-3-658-14515-6